Sumário

Introdução 2

Fundamentos da Web .... 3 a 5

Explorando Tecnologias .... 6 a 8

Prática e Projetos 9

Aprofundando Conhecimentos .... 10 a 12

Construindo seu Portfólio .... 13 a 15

Networking e Oportunidades .... 16 a 18

Mantendo-se Atualizado .... 19 a 21

Introduçao

Bem-vindo ao nosso guia completo sobre como se tornar um desenvolvedor web. Neste eBook, vamos explorar passo a passo os fundamentos, tecnologias, práticas e recursos essenciais para iniciar e progredir em sua jornada como desenvolvedor web

Capítulo 1
FUNDAMENTOS DA WEB

Neste capítulo, vamos mergulhar nos fundamentos essenciais que todo desenvolvedor web precisa conhecer

- HTML (HyperText Markup Language): Você aprenderá como usar HTML para estruturar o conteúdo de suas páginas web, incluindo elementos como cabeçalhos, parágrafos, imagens e links.

Capítulo 1
FUNDAMENTOS DA WEB

Neste capítulo, vamos mergulhar nos fundamentos essenciais que todo desenvolvedor web precisa conhecer

- **JavaScript: Este capítulo irá introduzi-lo ao JavaScript, a linguagem de programação que torna as páginas web interativas e dinâmicas, permitindo a manipulação do conteúdo, interação do usuário e muito mais.**

Capítulo 1
FUNDAMENTOS DA WEB

Neste capítulo, vamos mergulhar nos fundamentos essenciais que todo desenvolvedor web precisa conhecer

- **CSS (Cascading Style Sheets):** Vamos explorar como o CSS é usado para estilizar e dar aparência ao conteúdo HTML, incluindo cores, fontes, layouts e efeitos visuais.

Capítulo 2:
EXPLORANDO TECNOLOGIAS

Aqui, vamos dar uma olhada em algumas das tecnologias mais populares e úteis no mundo do desenvolvimento web

- **Frameworks Front-end: Descubra como frameworks como Bootstrap, Foundation e Bulma podem acelerar o desenvolvimento front-end, fornecendo componentes prontos e estilos predefinidos.**

Capítulo 2:
EXPLORANDO TECNOLOGIAS

Aqui, vamos dar uma olhada em algumas das tecnologias mais populares e úteis no mundo do desenvolvimento web

- **Frameworks Back-end: Conheça frameworks back-end populares como Node.js, Django e Ruby on Rails, que permitem construir aplicações web robustas e escaláveis**

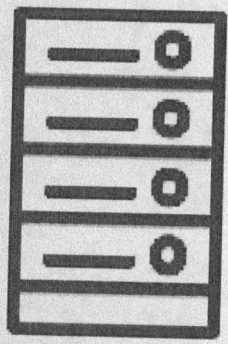

Capítulo 2: EXPLORANDO TECNOLOGIAS

Aqui, vamos dar uma olhada em algumas das tecnologias mais populares e úteis no mundo do desenvolvimento web

- **Libraries JavaScript: Explore bibliotecas populares como jQuery, React e Vue.js, que simplificam tarefas comuns de desenvolvimento web, oferecendo funcionalidades poderosas e simplificando o código.**

Capítulo 3:
PRÁTICA E PROJETOS

Neste capítulo, vamos discutir a importância da prática e da construção de projetos pessoais

- **Criando Projetos Pessoais:** Aprenda por que é crucial criar projetos pessoais para aplicar seus conhecimentos, experimentar novas tecnologias e construir um portfólio impressionante.

- **Contribuição para Projetos de Código Aberto:** Descubra como contribuir para projetos de código aberto pode enriquecer sua experiência, ajudá-lo a aprender com outros desenvolvedores e expandir sua rede profissional.

- Hackathons e Competições: Saiba como participar de hackathons e competições pode desafiar suas habilidades, oferecer experiência prática e proporcionar oportunidades de networking.

Capítulo 4:
APROFUNDANDO CONHECIMENTOS

Neste capítulo, vamos aprofundar em algumas áreas específicas do desenvolvimento web

- **Design Responsivo:** Entenda como criar websites que se adaptam a diferentes dispositivos e tamanhos de tela, garantindo uma experiência de usuário consistente em qualquer dispositivo.

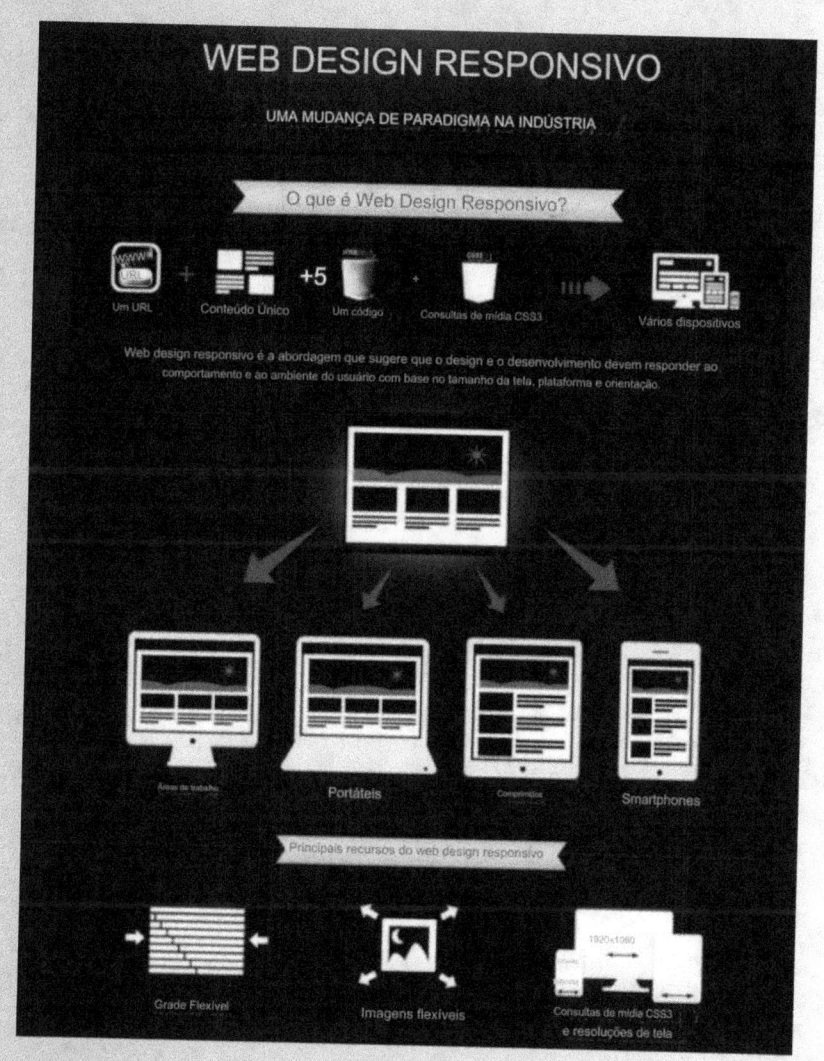

Capítulo 4: APROFUNDANDO CONHECIMENTOS

Neste capítulo, vamos aprofundar em algumas áreas específicas do desenvolvimento web

- **Segurança Web:** Explore as melhores práticas para proteger suas aplicações web contra ameaças de segurança, incluindo vulnerabilidades comuns e técnicas de prevenção.

Capítulo 4:
APROFUNDANDO CONHECIMENTOS

Neste capítulo, vamos aprofundar em algumas áreas específicas do desenvolvimento web

- **Performance Web: Saiba como otimizar o desempenho de suas aplicações web, incluindo carregamento rápido de páginas, otimização de imagens e minimização de recursos**

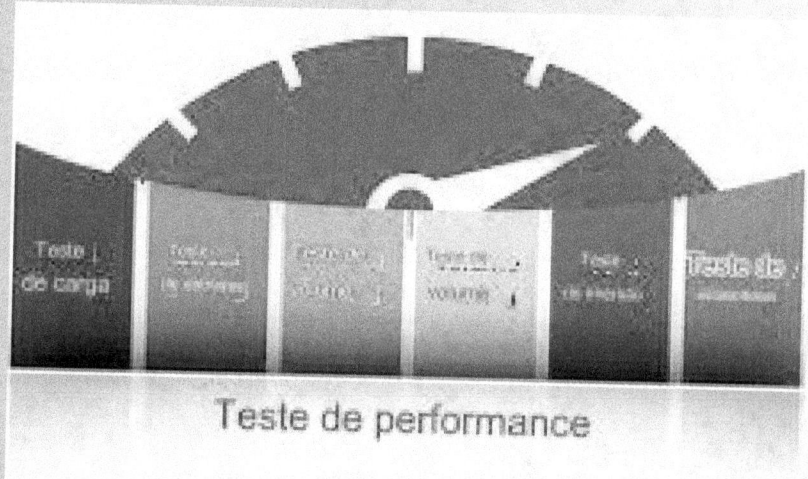

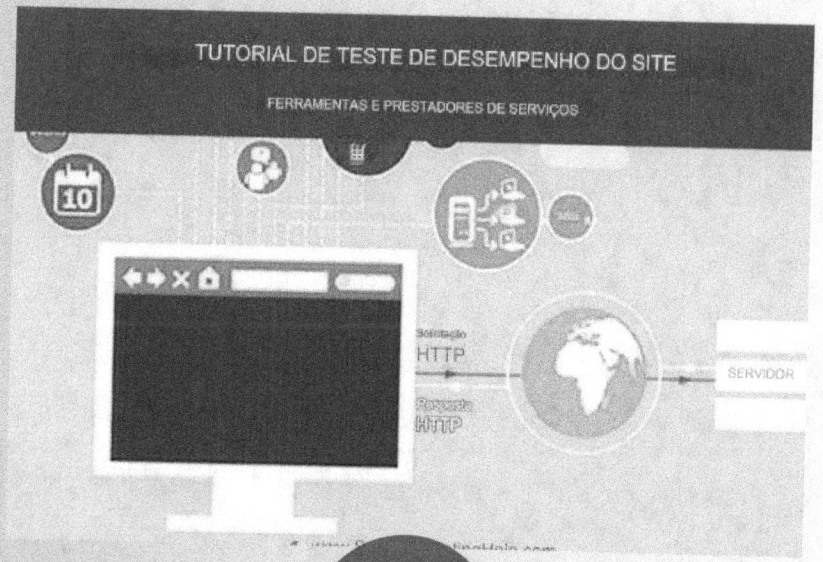

Capítulo 5: CONSTRUINDO SEU PORTFÓLIO

Aqui, vamos discutir como construir um portfólio impressionante para mostrar suas habilidades e experiência

- **Selecionando Projetos para o Portfólio: Aprenda a escolher os projetos certos para incluir em seu portfólio, destacando seus pontos fortes e demonstrando sua versatilidade como desenvolvedor web.**

Ameaças e oportunidades

- Alinhamento estratégico
- Valores organizacionais
- Tolerância ao risco
- Capacidade de recursos
- Capacidades e limitações

Identificar
Definir
Avaliar
Priorizar
Selecionar
Alinhar
Avaliar
Relatar
Equilibrar

Benefícios maximizados

Capítulo 5:
CONSTRUINDO SEU PORTFÓLIO

Aqui, vamos discutir como construir um portfólio impressionante para mostrar suas habilidades e experiência

- **Criando um Portfólio Online:** Saiba como criar um portfólio online profissional que seja atraente, fácil de navegar e mostre seus projetos de forma eficaz.

CAPÍTULO 5: CONSTRUINDO SEU PORTFÓLIO

Aqui, vamos discutir como construir um portfólio impressionante para mostrar suas habilidades e experiência

- **Apresentação e Comunicação:** Descubra a importância de comunicar claramente suas habilidades e experiência ao apresentar seu portfólio para potenciais empregadores ou clientes.

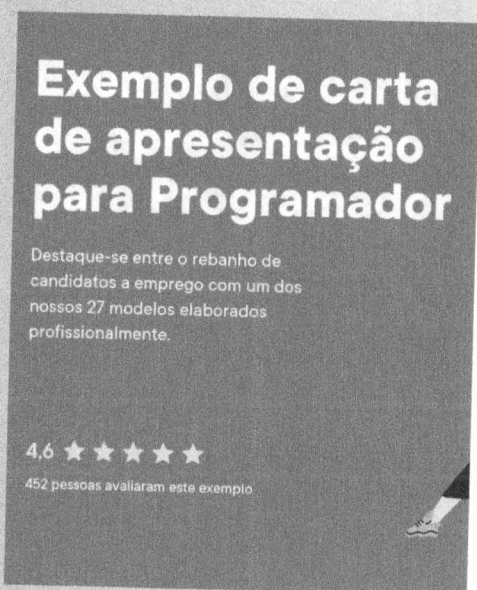

CAPÍTULO 6: NETWORKING E OPORTUNIDADES

Aqui, vamos discutir a importância do networking e como encontrar oportunidades no mundo do desenvolvimento web

- **Comunidades Online e Locais:** Descubra comunidades de desenvolvedores web onde você pode aprender, compartilhar conhecimentos e se conectar com outros profissionais da área, tanto online quanto localmente.

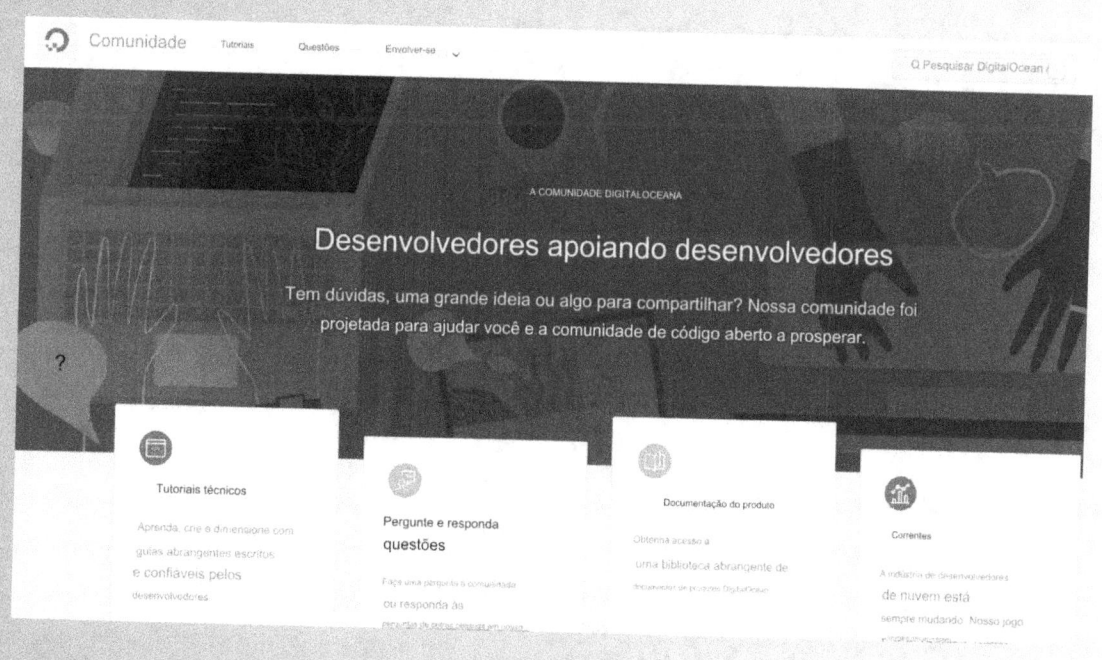

CAPÍTULO 6: NETWORKING E OPORTUNIDADES

Aqui, vamos discutir a importância do networking e como encontrar oportunidades no mundo do desenvolvimento web

- **Participação em Eventos e Conferências:** Saiba como participar de eventos e conferências pode expandir sua rede profissional, abrir portas para oportunidades de trabalho e inspirar seu crescimento como desenvolvedor web.

15 dicas para você aproveitar ao máximo a sua participação em eventos

Antes Planejamento e pesquisa	Durante Absorção e conexões	Depois Consolidação e desdobramentos
Mapeie seus interesses	Esteja genuinamente presente	Analise os materiais levantados
Pesquise a programação	Realize anotações	Compartilhe as principais ideias
Conheça os tópicos essenciais	Busque novos contatos	Defina o que será aprofundado e implementado
Busque aproximação com especialistas	Deguste e veja o que há de novo no mercado	Avalie sua participação no evento
Programe sua logística	Adapte a programação se preciso	Cultive os relacionamento

Capítulo 6: Networking e Oportunidades

Aqui, vamos discutir a importância do networking e como encontrar oportunidades no mundo do desenvolvimento web

- **Mentoria e Orientação:** Explore como encontrar mentores e orientadores pode ajudá-lo a crescer e progredir em sua carreira como desenvolvedor web, oferecendo insights, orientação e suporte personalizado.

Capítulo 7:
MANTENDO-SE ATUALIZADO

Por fim, vamos falar sobre a importância de se manter atualizado no mundo em constante evolução do desenvolvimento web

- **Recursos de Aprendizado:** Explore uma variedade de recursos online, como blogs, cursos, tutoriais e livros, para continuar sua jornada de aprendizado e aprimoramento como desenvolvedor web.

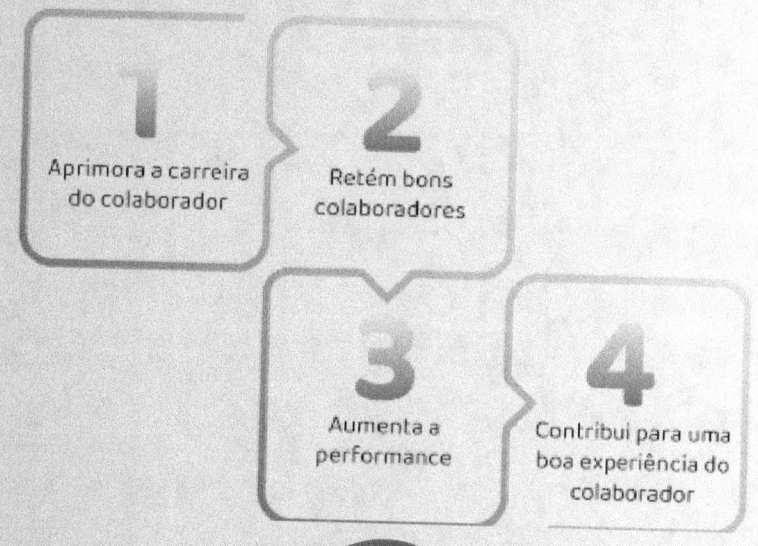

Capítulo 7:
MANTENDO-SE ATUALIZADO

Por fim, vamos falar sobre a importância de se manter atualizado no mundo em constante evolução do desenvolvimento web

- **Aprendizado Contínuo: Descubra por que é crucial continuar aprendendo e se atualizando com as últimas tecnologias, tendências e práticas do desenvolvimento web.**

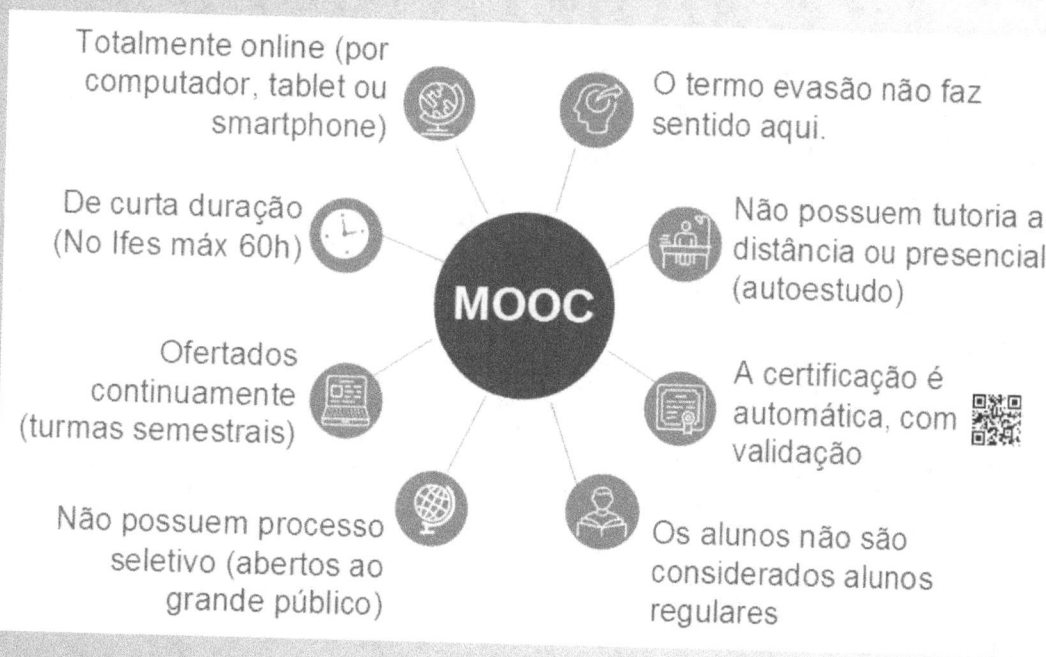

Capítulo 7
MANTENDO-SE ATUALIZADO

Por fim, vamos falar sobre a importância de se manter atualizado no mundo em constante evolução do desenvolvimento web

- **Desenvolvimento Profissional:** Saiba como investir em seu desenvolvimento profissional pode abrir portas para novas oportunidades, avanço na carreira e sucesso a longo prazo como desenvolvedor web

PARABÉNS

por completar este guia completo sobre como se tornar um desenvolvedor web! Esperamos que você tenha encontrado as informações e orientações úteis para iniciar e progredir em sua jornada como desenvolvedor web

Lembre-se de que o caminho pode ser desafiador, mas com dedicação, prática e aprendizado contínuo, você pode alcançar seus objetivos e construir uma carreira gratificante como desenvolvedor web. Boa sorte e feliz codificação

Matheus Silva

www.ingramcontent.com/pod-product-compliance
Lightning Source LLC
Chambersburg PA
CBHW062235220526
45471CB00009B/3489